이 책의 한국어 판 저작권은 Altitude Anyway와 독점 계약한 새물결출판사에 있습니다.
신저작권법에 의해 한국 내에서 보호를 받는 저작물이므로 무단 전재와 복제를 금합니다.

책의 판매수익금 중 일부는 지구환경보호를 위해 기부됩니다.

얀이 들려주는 하늘에서 본 **지구이야기 2**_세계의 나라들
사진 | 얀 아르튀스-베르트랑
기획 | EFA-KOREA
글쓴이 | 김외곤
디자인 포맷 | AGI
펴낸이 | 홍미옥
펴낸곳 | 새물결
펴낸날 | 1판 1쇄 2013년 5월 3일
등록 | 서울 제15-52호 (1989.11.9)
주소 | 서울특별시 마포구 서교동 475-1 2층 우편번호 121-896
전화 | (편집부) 3141-8696 (영업부) 3141-8697 **팩스** | 3141-1778
e-mail | saemulgyul@gmail.com

Photo ⓒ Yann Arthus-Bertrand.
ⓒ 새물결, 2013

ISBN 978-89-5559-352-5 (64600)
ISBN 978-89-5559-350-1 (세트)

얀이 들려주는

하늘에서 본 지구 이야기 2

얀 아르튀스 베르트랑

글 김외곤

새물결

찾아보세요

머리말
친구들아 안녕, 내 이름은 중휘야 · 8

남태평양의 낙원 보라보라 섬 · 10
쾨켄호프의 아름다운 튤립 농장 · 12
사우보 근처의 밝게 빛나는 온실 · 14
세계에서 가장 높은 에베레스트 산 · 16

베마라하의 뾰족뾰족 솟은 바위 봉우리들 · 18
블라로니드 인공 호수의 자연 온천 · 20
라자스탄의 천연 염색 깔개 · 22
라카기가르 화산의 거대한 폭발 · 24
우루과이 강을 가로지르는 황토색 강물 · 26
퀘벡의 울긋불긋 물든 가을 숲 · 28

두바이 바닷가의 인공섬 · 42

이니시모어 섬의 해안 절벽 · 44

거북이 등처럼 갈라진 남극의 땅 · 46

사막에 버려진 녹슨 이라크 탱크들 · 48

얀 아저씨는 우리에게 어떤 이야기를
들려주고 싶은 걸까요? · 50

* 사진 옆에는 작은 세계 지도가 있어요. 여기에 표시된 점이 사진을 찍은 곳이랍니다.

마가디 호수의 아름다운 소금 무늬 · 30

울란바토르 교외의 유목민 천막 · 32

브룐드비의 둥근 주택 단지 · 34

푸눌룰루 국립공원의 벙글벙글 산맥 · 36

비행장의 활주로에 그려진 거대한 추상화 · 38

마요르카 섬의 아몬드 수확 · 40

친구들아 안녕, 내 이름은 중휘야

나는 이제 초등학교 6학년이야. 우리 엄마는 책 만드는 일을 하시는데, 지난 5년 동안 프랑스의 항공 사진작가 아저씨와 하늘을 날며 우리나라의 아름다운 모습을 사진으로 찍으셨어. 그 사진들을 담아서 만든 책이 『하늘에서 본 한국』이야. 아저씨 이름은 얀 아르튀스-베르트랑인데, 부르기에 너무 어렵지? 엄마는 그냥 '얀'이라고 불러. 아저씨는 세계적으로 유명한 사진작가라고 해. 인터넷에서 '하늘에서 본 지구'를 검색해 보면 아저씨가 전 세계 곳곳을 돌아다니며 찍은 사진들을 볼 수 있어. 얼마 전에 인기를 끈 드라마 〈꽃보다 남자〉에 나온 누벨 칼레도니의 '하트' 사진을 처음으로 찍은 사람도 얀 아저씨래.

나의 꿈은 역사학자가 되어 세계의 역사를 공부하는 거야. 그래서 지구본을 보면서 '지구 위의 모든 나라를 여행할 수 있으면 얼마나 좋을까' 하고 상상하곤 해. 나는 언젠가 세계의 모든 나라를 여행하고 싶어. 그래서 나는 얀 아저씨가 전 세계를 여행하면서 찍은 『하늘에서 본 지구』라는 책을 넘겨보면서 앞으로 가고 싶은 나라를 떠올려 보곤 해. 정말 멋지지 않니?

나는 이 책이 정말 좋아. 크기가 엄청난 데다 멋진 사진들로 가득 차 있거든. 우리가 사는 지구에 얼마나 다양한 사람과 생명들이 모여 사는지를 보여주는 장면들이 가득 담겨 있어. 산과 바다 그리고 집들의 모양이 얼마나 다채로운지, 또 땅의 모양들과 생물과 사람들이 만들어내는 색깔은 얼마나 신기한지 눈을 뗄 수 없을 정도야.

아저씨 책을 넘기다 보면 단순히 멋진 사진만 볼 수 있는 게 아니야. 과학과 더불어 지리와 역사 공부도 할 수 있어. 아저씨는 단순히 아름다운 사진만 찍으러 다니시는 게 아니야. 전 세계 사람들이 보다 평등하게 살고, 환경을 지키는 일에 다 함께 나서길 바라는 마음으로 사진을 찍으시는 거지. 얀 아저씨는 사람들이 먹고 마실 것이 충분하지 않아서 힘들어하는 나라에도 가신대. 그런 곳에서는 아이들이 학교도 못 간다고 해.

아저씨는 지금까지 100개가 넘는 나라를 여행하셨대. 정말 놀랍지? 우리나라에도 열세 번인가 오셨는

데, 그때마다 너무 바쁘셔서 어떨 때는 공항에서 바로 헬리콥터를 타고 DMZ를 찍으러 가신 적도 있다고 해. 가끔 엄마에게 아저씨 전화가 오기도 하는데, 어떤 때는 브라질에서, 또 어떤 때는 탄자니아에서 전화가 오는 것을 보았어. 지금도 아저씨는 지구 위의 어딘가를 날아다니고 있으실 것만 같아.

나는 가끔 비행기를 타면 사방이 꽉 막혀 있는 것이 너무 답답해서 '누드 비행기'가 있으면 얼마나 좋을까 하는 상상을 해보곤 해. 그러면 하늘 위뿐만 아니라 우리가 사는 땅도 다 볼 수 있지 않을까? 그런 비행기를 타고 세계를 누빈다는 상상만 해도 즐거워. 그런 비행기, 아니 헬리콥터를 타고 세상을 둘러보고 싶어. 너무너무 재미있을 것 같지 않니? 하늘에서 내려다보면 사람, 집, 밭, 마을, 강 같은 것들이 전부 퍼즐의 한 조각처럼 아주 쪼그맣게 보일 거야. 하지만 조금만 내려가 보면 금방 모든 것이 점점 커 보일 거야. 생각만 해도 너무 신나. 헬리콥터를 타고 피부가 까만 사람, 노란 사람, 하얀 사람들이 사는 모든 대륙들을 가보고 싶어.

얀 아저씨는 유엔 기구 중에서 지구 환경 보호를 책임지고 있는 UNEP(유엔환경계획)의 명예 홍보대사로도 활동하고 계셔. 전 세계를 여행하면서 우리 지구가 심각한 질병에 시달리는 게 너무 마음 아파서 저절로 '환경 투사'가 되셨대. 언젠가 아저씨가 엄마에게 만년설이 전부 녹아버린 킬리만자로 사진을 보내주신 적이 있는데, 나도 깜짝 놀랐어. 하얀 만년설로 덮여 있어 아프리카 사람들이 성스럽게 여긴다는 산이 마치 민둥산처럼 헐벗은 모습을 하고 있었거든. 아저씨는 우리 지구의 미래 모습이 그렇게 변할까 봐 걱정하시는 것 같아. 아저씨는 유엔에서 주는 '올해의 인물상'도 받고 여러 신문들에서 '지구를 지키는 영웅' 등의 명예로운 칭찬을 듣기도 했지만, 우리 지구의 상태는 크게 나아지지 않는다고 걱정이 이만저만 아니셔. 그래서 작년엔 60여 개국을 항공 촬영해 〈홈Home〉이라는 영화를 만든 뒤에 전 세계에서 무료로 상영하시기도 했어.

나도 아저씨의 생각에 공감해서 엄마에게 부탁해 우리 친구들을 위해 이 책을 함께 만들어 보았어. 이 책을 보면서 우리 지구가 얼마나 아름다운지, 지구 위에서 살고 있는 사람들은 또 얼마나 많은지, 우리가 다 함께 건강하게 살려면 어떻게 해야 하는지 생각해 볼 수 있을 거라고 믿어. 하지만 너무 심각해 질 필요는 없어. 왜냐하면 이 책을 그저 한번 넘겨보는 것만으로도 지구의 아름다움을 충분히 느낄테니까.

이제 우리 모두 함께 헬리콥터에 올라볼까.

남태평양에 자리 잡은 이 보라보라 섬은 일부가 산호초로 이루어져 있어 경치가 매우 아름답습니다.
유럽인들이 죽기 전에 꼭 가 봐야 할 곳으로 선정한 이곳은 전 세계의 신혼부부들이 즐겨 찾는 곳입니다.

프랑스령 폴리네시아, 보라보라

남태평양의 낙원 보라보라 섬

오세아니아, 프랑스령 폴리네시아 프랑스의 해외 영토이다. 인상주의 화가 고갱이 머물렀던 타히티 섬이 세계적으로 널리 알려져 있다. (인구 25만 명)

▶ **'보라보라'를 소리 내어 읽어 보세요.**
발음이 참 재미있지요? '보라보라'는 폴리네시아 말로 '맏이'라는 뜻을 가지고 있습니다. 예전에 이 섬에서 맏이로 태어난 추장을 기념하여 이런 이름이 붙었지요. 아주 오랜 옛날에 화산이 폭발했는데, 용암이 흘러나온 분화구의 튀어 나온 부분이 섬이 되었습니다.

▶ **따뜻한 바닷물 덕분에 남태평양에서는 산호가 아주 잘 자랍니다.**
산호는 식물처럼 보이지만 사실은 동물이랍니다. 지구상에서 산호가 자라는 지역은 넓지 않지만, 산호가 쌓여 이루어진 산호초는 여러 바다 생물들의 보금자리가 됩니다. 보라보라 섬의 바깥쪽에도 산호초가 띠처럼 빙 둘러싸고 있습니다.

▶ **그런데 이 산호초는 위기에 처해 있습니다.**
지구 온난화로 바닷물의 높이가 자꾸 높아지는 바람에 물에 잠기고 있기 때문입니다.

울긋불긋 아름답게 피어 있는 튤립은 17세기부터 네덜란드에서 본격적으로 재배되기 시작했습니다.
이 나라 사람들은 400년 이상 품종을 개량하여 오늘날에는 800종이 넘는 튤립이 재배되고 있습니다.

유럽, 네덜란드

쾨켄호프의 아름다운 튤립 농장

유럽, 네덜란드 가장 높은 곳이 321미터밖에 안 된다. 크루이프, 베르캄프 등 유명한 선수들을 배출한 국가 대표 축구팀은 유니폼 색깔을 따서 오렌지 군단이라 불린다. (인구 1천 600만 명)

▶ **튤립하면 떠오르는 나라는 어디죠?**
네, 히딩크 감독의 고향 네덜란드입니다. 네덜란드는 국토의 4분의 1 가량이 바다를 메워 만든 간척지입니다. 그 지역은 높이가 바다보다 낮아서 옛날에는 풍차를 이용하여 바닷물을 퍼내었지요. 이런 간척지를 비롯하여 네덜란드의 많은 지역에서는 수많은 화초를 재배하고 있습니다.

▶ **특히 튤립과 백합 같은 알뿌리 화초를 많이 심어서 매년 봄이 되면 어마어마한 넓이의 꽃밭이 생겨납니다.**
전 세계에서 꽃 수출의 60퍼센트 정도를 이 나라가 차지한다니 정말 꽃 왕국이라 할 만하지요. 꽃 덕분에 네덜란드는 세계 3위의 농산물 수출국이 되었답니다.

▶ **네덜란드 농장들은 화학 비료와 농약을 쓰지 않으려고 노력하고 있습니다.**
이러한 노력이 세계 곳곳 퍼져 나간다면 지구의 미래는 매우 밝아질 것입니다.

기온이 낮은 북유럽의 핀란드에서는 사시사철 신선한 야채를 공급하기 위해 온실을 만들어 농사를 짓고 있습니다.
국민들이 야채를 많이 먹기로 유명한 우리나라에서도 온실의 일종인 비닐하우스에서 야채를 재배합니다.

유럽, 핀란드

사우보 근처의 밝게 빛나는 온실

유럽, 핀란드 중앙아시아에서 이주한 핀 족이 살고 있는 나라이다. 절대 평가로 잘 알려진 교육 제도는 세계 최고 수준이다. (인구 520만 명)

▶ **환하게 불이 켜진 온실에서 무엇을 키우고 있을까요?**

서양인들이 즐겨 먹는 토마토가 재배되고 있답니다. 토마토는 햇빛을 받아들여 광합성을 해야만 열매를 맺습니다. 그런데 핀란드는 국토의 4분의 1이 북극권에 속해 있어 겨울에는 광합성에 필요한 햇빛이 부족합니다.

▶ **겨울이 되면 북쪽 라플란드 지방은 두 달 이상이나 해가 뜨지 않는 밤이 계속되기도 하지요.**

남쪽 지방에서는 해가 뜨기는 하지만 6시간을 넘기지 못한 채 지고 맙니다. 그래서 식물을 키우기 위해서는 이 사진처럼 햇빛 대신에 불을 환하게 밝혀 놓아야 한답니다.

▶ **이때 연료로 많이 사용하는 것은 목재 산업에서 나오는 톱밥과 찌꺼기들입니다.**

국토의 대부분이 소나무와 자작나무 숲이어서 목재 산업이 매우 발달했답니다. 단풍이 노랗게 물드는 자작나무는 자일리톨 껌의 원료를 뽑아내는 바로 그 나무입니다.

에베레스트 산은 인도 대륙이 티베트 고원과 부딪치면서 생긴 히말라야 산맥에 위치하고 있습니다.
이 산은 여름에 남쪽에서 불어오는 더운 비바람 때문에 눈이 많이 내려 등반이 불가능해집니다.

아시아, 네팔

세계에서 가장 높은 에베레스트 산

아시아, 네팔 세계에서 가장 높은 10개의 산 중 8개가 있는 산악 국가이다. 기원전 624년에 불교를 창시한 석가모니가 태어났다. (인구 2천 900만 명)

▶ **세계에서 가장 높은 산이 어느 산인지는 모두 알고 있죠?**
맞아요, 히말라야 산맥에 있는 8천 848미터 높이의 에베레스트 산이에요. 에베레스트는 예전에 인도의 지도를 만들었던 영국 군인의 이름입니다. 이 산은 너무 높아서 꼭대기가 하늘 높이 솟아 있기 때문에 네팔에서는 '하늘에 머리가 닿은 사람'이라는 뜻의 사가르마타로 부릅니다.

▶ **1953년에 이 산의 꼭대기를 처음으로 오른 사람은 뉴질랜드 출신의 힐러리와 그를 도운 셰르파 텐징 노르가이였습니다.**
그들의 뒤를 이어 300명 이상이 꼭대기에 오르는 데 성공했지만, 등산을 하다가 목숨을 잃은 사람도 백여 명이나 됩니다.

▶ **등산객이 늘어나면서 아름다운 이 산도 쓰레기 때문에 몸살을 앓기 시작했어요.**
다행히 최근에는 등산 규칙을 엄격하게 만들고 청소를 자주 하면서 상황은 조금씩 나아지고 있답니다.

'칭기'로 불리는 이곳은 '발끝으로 걷다'라는 뜻을 지니고 있지만, 인간이 발을 들여놓기 힘든 곳입니다.
그래서 매우 다양한 고유의 동식물이 보존되어 1990년에 유네스코의 세계 유산으로 등록되었습니다.

아프리카, 마다가스카르

베마라하의 뾰족뾰족 솟은 바위 봉우리들

아프리카, 마다가스카르 '정글의 법칙'에 나온 피그미 카멜레온이 산다. 너구리처럼 꼬리에 얼룩무늬가 있는 알락꼬리여우원숭이 같은 희귀 동물도 있다. (인구 2천만 명)

▶ **도대체 누가 이렇게 바위를 날카롭게 깎아 놓은 걸까요?**
멋진 솜씨를 발휘한 조각가는 바로 하늘에서 내린 비입니다. 오랜 세월에 걸쳐 내린 산성비가 하얀 석회암을 녹여서 높이가 30미터나 되는 송곳 모양의 돌기둥을 만들어 낸 것이지요. 이곳은 인도양 위의 섬나라 마다가스카르의 베마라하에 있는 칭기라는 곳입니다.

▶ **마다가스카르에는 희귀한 동식물이 많이 있습니다.**
아프리카 대륙의 해안에서 멀리 떨어진 인도양에 1억 년 이상 외로이 떠 있어서 생물들이 아주 독특하게 진화했기 때문이랍니다. 생텍쥐페리의 동화 〈어린 왕자〉에 나오는 바오밥나무가 6종류나 있고 또 애니메이션 〈마다가스카〉에 나오는 희한한 모습의 동물들도 살고 있지요.

▶ **하지만 200종류 가까운 생물들이 멸종 위기에 처해 있습니다.**
우리나라를 비롯한 많은 나라 사람들이 이곳을 보호하기 위해 많은 노력을 하고 있습니다.

북극에 가까워 매우 추운 아이슬란드에서 화산 지대의 뜨거운 지하수는 하늘이 내린 최고의 선물입니다.
비취색 석호라는 뜻의 블라로니드 온천에는 무기염과 유기물질이 풍부하여 피부병을 치료를 위해 사람들이 많이 찾아옵니다.

유럽, 아이슬란드

블라로니드 인공 호수의 자연 온천

유럽, 아이슬란드 북극에 가깝지만 아이슬란드의 항구는 겨울에도 거의 얼지 않는다. 최근 겪은 금융위기로 아이슬란드 국민들은 고통 받고 있다. (인구 30만 명)

▶ **마치 파란 호수에 우유를 풀어 놓은 것처럼 보이지요?**
북극에 가까운 아이슬란드는 화산이 자주 폭발하는 나라입니다. 곳곳에 널려 있는 화산암 속의 하얀 색 진흙이 물에 녹아들어 예쁜 색깔을 만들어냈습니다. 땅속이 뜨거운 나라이다 보니 자연스럽게 그 열을 이용하는 산업이 매우 발달했습니다. 이 산업은 석탄이나 석유를 쓰지 않기 때문에 환경을 오염시키지 않고 돈도 많이 들지 않지요.

▶ **평화로워 보이는 이 인공 호수의 물은 근처에 있는 지열 발전소에서 쓰고 남은 물입니다.**
지하 2천 미터에서 끌어올리는 이 물은 땅속에서 240도까지 올라가지만 땅위에 올라오면 70도 정도 되지요.

▶ **아이슬란드 사람들은 따뜻한 이 물을 다양하게 활용합니다.**
수영장과 온실에도 사용하고 주택의 난방에도 사용하지요.

무척이나 아름다운 무늬와 색깔을 지닌 이 깔개들은 사람의 손으로 일일이 물들인 것입니다.
염색하는 일은 매우 힘든 작업인데, 사진 속의 인도에서는 그 일을 여성들이 대부분 도맡고 있습니다.

아시아, 인도

라자스탄의 천연 염색 깔개

아시아, 인도 '아바타'와 '포켓몬' 캐릭터의 바탕이 된 '마하바라따'가 전해 온다. 볼리우드라 불리는 영화 산업이 발달하여 세계에서 가장 많은 영화를 만들고 있다. (인구 11억 명)

▶ **예쁜 무늬가 새겨진 이 깔개들을 보면 무엇이 떠오르나요?**
그래요, 알라딘과 재스민 공주가 타고 다니는 마법 양탄자가 생각나지요. 이 깔개들은 양털이 아니라 목화솜으로 만들었습니다.

▶ **인도의 북동쪽에 있는 라자스탄 주에서는 이런 깔개들을 염색하는 특별한 기술이 발달하였습니다.**
보통은 대량 생산을 위해 화학 약품을 이용하는 값싼 방법이 늘고 있지만, 이곳 사람들은 여전히 장인들에 의한 전통적인 방법을 사용하고 있습니다. 색을 잘 안착시키기 위해 여러 번 세척하고 염색하여 이렇게 햇볕에 말리고 있답니다.

▶ **라자스탄의 면직물과 명주는 중세 때부터 중국이나 중동, 유럽까지 수출되었답니다.**
물론 오늘날에도 여전히 세계 여러 나라로 많이 팔려 나가고 있습니다.

구불구불하게 늪지대처럼 보이는 곳은 화산이 폭발했을 때 용암이 흘러간 흔적입니다.
용암에서 나오는 뜨거운 열은 모든 것을 녹여버리지만, 이 열 덕분에 지구는 따뜻해졌습니다.

유럽, 아이슬란드

라카기가르 화산의 거대한 폭발

유럽, 아이슬란드 21쪽 참조

▶ **역사상 가장 격렬하게 화산이 폭발한 곳은 어디일까요?**
바로 아이슬란드의 라카기가르 화산입니다. 기록에 따르면 1783년에 화산의 양쪽에서 두 개의 분화구가 입을 벌리고 엄청난 양의 용암을 뿜어냈습니다. 백두산 천지의 남북 길이가 5킬로미터 정도인데, 두 분화구의 지름을 더하면 25킬로미터나 된다고 하니 정말 어마어마하네요.

▶ **그때 화산에서 흘러나온 용암이 서울시 전체와 비슷한 면적의 땅을 삼켜 버렸습니다.**
화산재와 독가스까지 뿜어져 나와 목장과 물을 더럽혔기 때문에 이 나라 가축의 75퍼센트가 떼죽음을 당하기도 했지요.

▶ **2년 뒤에 이 화산은 다시 한 번 폭발하였습니다.**
이 폭발로 인해 흉년이 시작되어 아이슬란드의 전체 인구의 25퍼센트가 목숨을 잃는 가슴 아픈 일이 벌어졌답니다.

우루과이 강의 이 강물은 유유히 흘러가서 바다처럼 넓은 하구를 온통 황토물로 채웁니다.
이 황토물은 작고 귀여운 라플라타 강돌고래가 바다에서 돌아와 새끼를 낳고 기르는 보금자리이기도 합니다.

남아메리카, 아르헨티나

우루과이 강을 가로지르는 황토색 강물

남아메리카, 아르헨티나 대대로 목축업의 전통을 가지고 있는 아르헨티나지만 지금은 대단히 도시화되어 있다. 국내 10개 대도시 지역에 인구의 절반이 살고 있으며, 이러한 추세는 여전하다. (인구 4천만 명)

▶ **주위는 온통 푸른색 숲인데 왜 이 강의 물은 황토색일까요?**
농사지을 땅을 마련하기 위해 강의 상류에 있는 열대림을 마구 파괴했기 때문입니다. 엄청난 양의 폭우가 쏟아질 때마다 빗물이 흡수되지 않고 땅 위의 흙을 마구 씻어 내리게 된 것이지요. 곳곳에서 지류가 합해져 하류로 갈수록 점점 강물이 불어납니다.

▶ **우루과이 강은 아르헨티나의 수도 부에노스아이레스 근처에서 파라나 강과 합해져 라플라타 강이 되어 대서양으로 흘러듭니다.**
마침내 바다와 만나면 그때까지 실고 온 흙을 내려놓습니다. 매년 바닥에 쌓이는 흙의 양이 얼마나 많은지 항구에 배가 드나들 수 없을 정도랍니다.

▶ **하구에서는 정기적으로 항구의 바닥에 쌓인 흙을 파내고 있습니다.**
그 흙을 파내지 않고 그대로 두면 모래톱이 생겨나면서 주변 풍경이 아예 바뀌기도 합니다. 강물의 힘은 우리가 상상하는 것보다 훨씬 크답니다.

이 숲을 물들인 나무 중에 새빨간 색으로 물든 나무는 맛있는 메이플 시럽이 나오는 사탕단풍나무입니다.
이 나무 덕분에 캐나다는 전 세계 메이플 시럽의 80퍼센트 이상을 공급하는 나라가 되었습니다.

북아메리카, 캐나다

퀘벡의 울긋불긋 물든 가을 숲

북아메리카, 캐나다 국토의 면적이 세계에서 두 번째로 넓다. 영연방에 속해 있기 때문에 국가 원수는 영국의 엘리자베스 2세 여왕이다. (인구 3천 200만)

▶ **캐나다 국기의 중앙에는 무엇이 그려져 있나요?**

빨간 색의 예쁜 사탕단풍잎이 그려져 있습니다. 이 나라의 동쪽으로 흐르는 세인트로렌스 강 주변의 언덕에는 사탕단풍나무 같은 낙엽수와 전나무와 같은 상록수가 섞여 있는 혼합림이 있습니다. 노랗고 빨갛게 물든 나무들 틈에 푸른 나무가 군데군데 서 있으면 더욱 아름다운 풍경이 되지요. 이렇게 잘 자란 나무들 덕분에 캐나다는 종이와 펄프를 많이 생산하는 나라가 되었답니다.

▶ **이 숲은 그 동안 인간에 의해 함부로 파괴되기도 하고, 해충과 산성비 때문에 큰 피해를 입기도 했지요.**

다행스럽게도 오늘날에는 아름답고 이로운 이 숲을 보호하기 위해 많은 사람들이 노력하고 있답니다. 유네스코에서도 퀘벡 주의 대부분을 뒤덮고 있는 이 숲을 소중히 여겨 1988년에 '생물권 보전 지역'으로 지정했습니다.

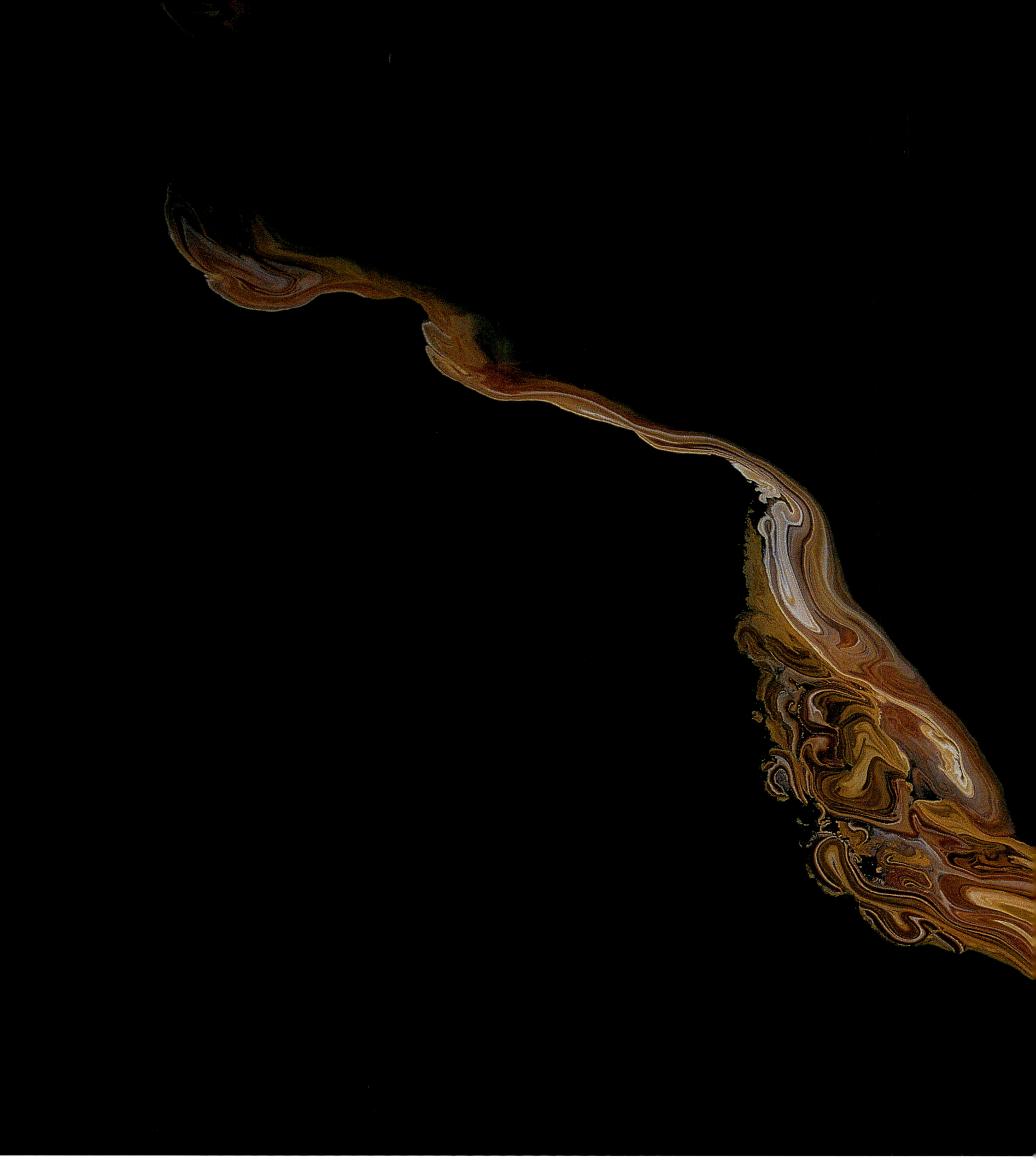

이 호수의 신비로운 색깔은 소금 앙금과 물이 만나 상호 작용을 일으켜서 만들어 낸 것입니다.
때때로 분홍색 홍학 수백만 마리가 먹이가 풍부한 이 호수로 몰려들어 멋진 광경을 만들어 내기도 합니다.

아프리카, 케냐

마가디 호수의 아름다운 소금 무늬

아프리카, 케냐 6월에서 8월까지가 겨울이다. 열대 지방이라 눈이 전혀 내리지 않고 날씨도 영하로 거의 떨어지는 일이 없다. (인구 3천 100만 명)

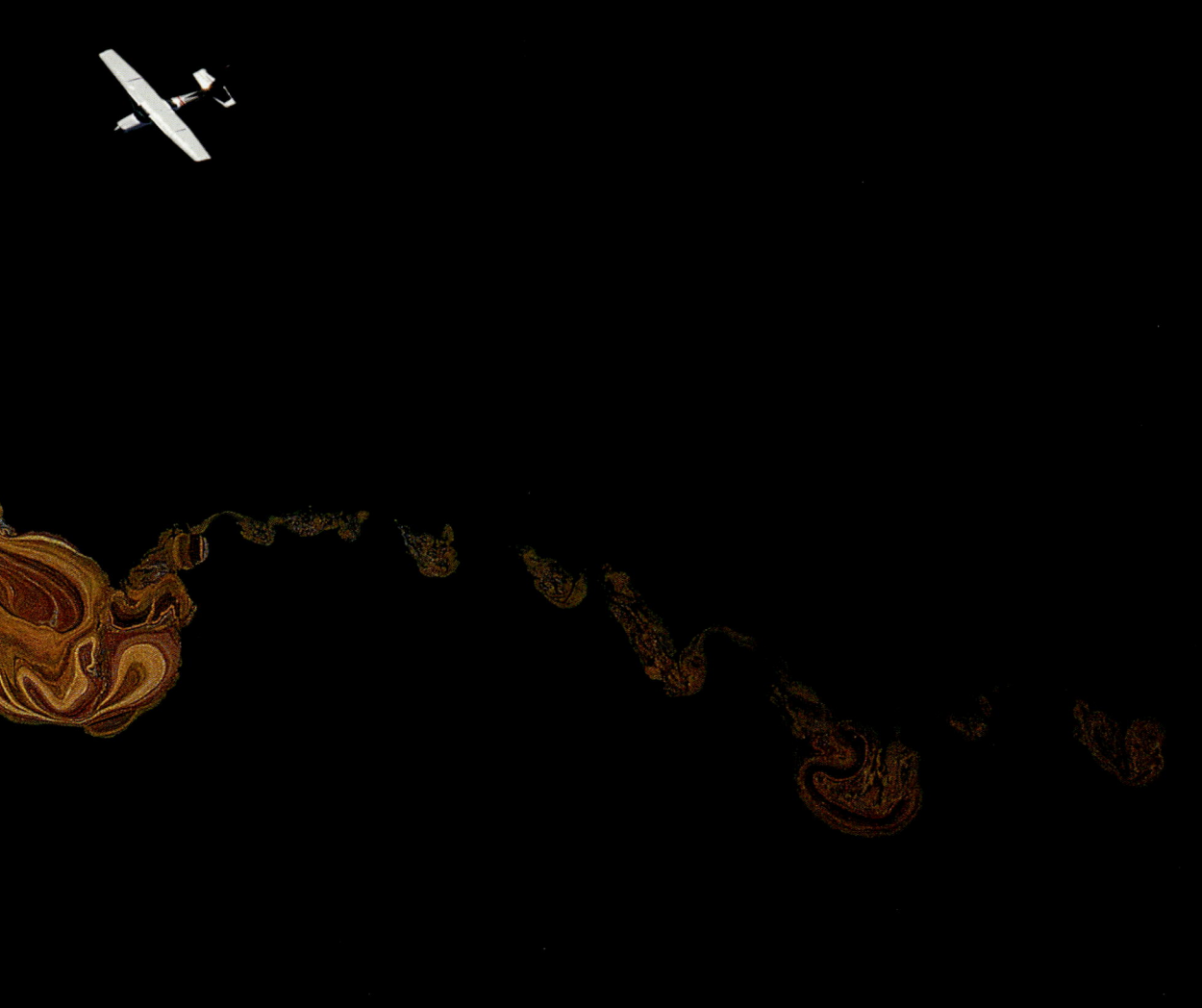

▶ 미술 시간에 마블링을 하려고 물 위에 색색의 물감을 풀어 놓은 것처럼 보이나요?

아프리카 케냐의 맨 남쪽에 있는 마가디 호수의 아름다운 모습입니다. 기원전 4천 만 년 무렵에 아프리카 동부에서는 땅이 갈라지면서 아주 커다란 화산 고원과 골짜기가 만들어졌어요. 마가디 호수는 그 골짜기에 물이 고여 생긴 넓은 호수들 중의 하나입니다.

▶ 바다에서 멀리 떨어져 있는데도 이 호수의 물은 놀랍게도 매우 짜답니다.

비가 와서 호수 주위에 있는 화산의 산기슭을 씻어 내릴 때 소금 등의 물질을 실어 나르기 때문입니다.

▶ 소금은 우리가 먹는 음식을 더욱 맛있게 해 주는 소중한 보물입니다.

소금의 맛은 짜디짜지만, 그 속에는 풍부한 영양분이 들어 있어서 사람뿐만 아니라 홍학 같은 수많은 동식물들이 소금을 섭취하며 생명을 유지하고 있습니다.

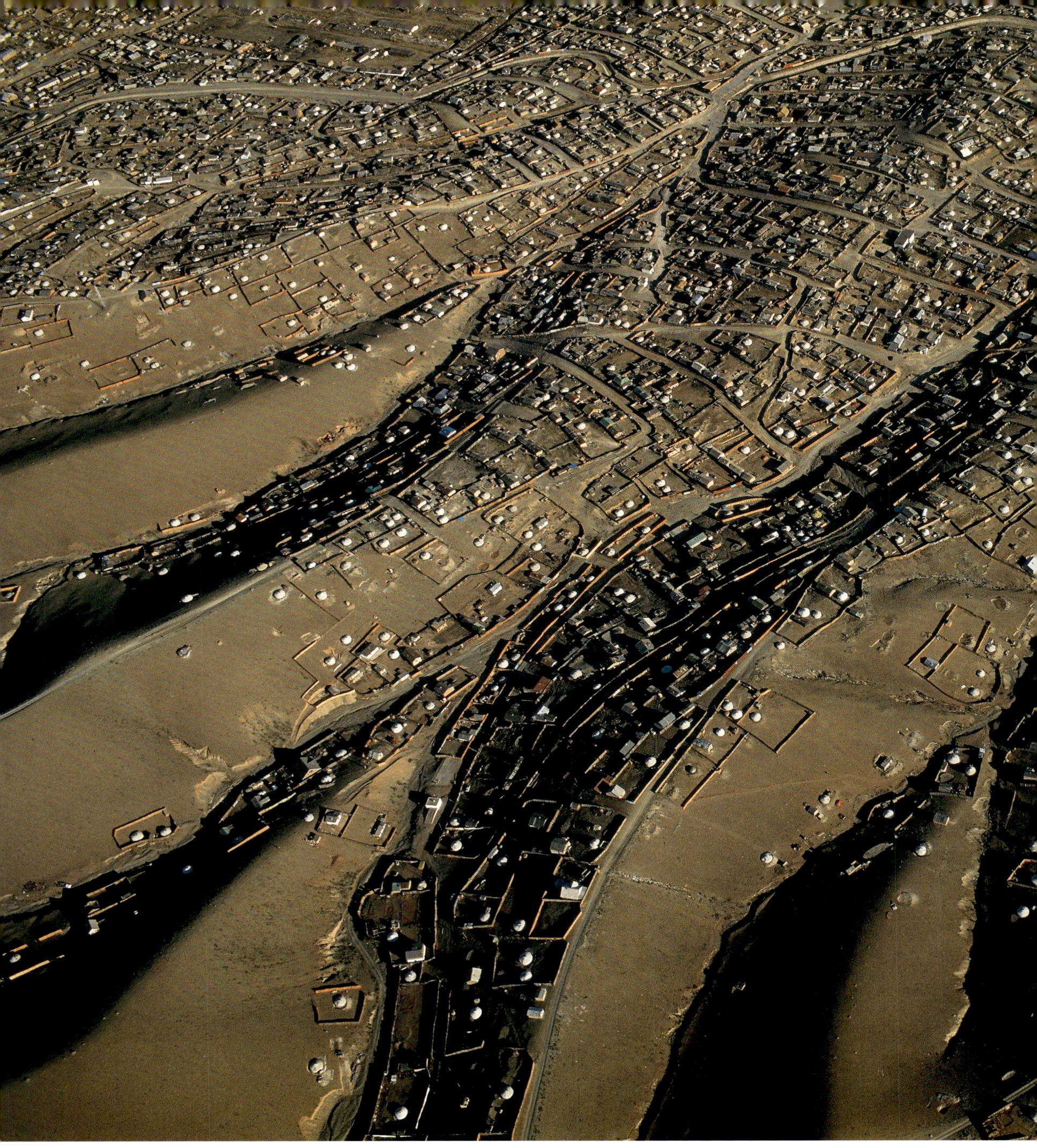

가축을 키우는 몽골 사람들은 풀을 찾아 떠돌아다니기 때문에 이동에 편리한 유르트 천막을 집으로 사용합니다.
겉모양이 수수해 보이는 이 천막의 안으로 들어가면 화려한 무늬가 새겨진 밝은 색깔의 양탄자가 있습니다

아시아, 몽골

울란바토르 교외의 유목민 천막

아시아, 몽골 역사상 가장 큰 제국을 세운 징기즈칸의 나라이다. 국가를 대표하는 운동은 씨름으로 선수들 중 일부는 일본에서 스모 선수로 활약하고 있다. (인구 260만 명)

▶ **양탄자 같은 초원 여기저기에 하얗게 빛나고 있는 것들은 무엇일까요?**
몽골 사람들이 살고 있는 유르트라는 천막이랍니다. 그들이 게르라 부르는 이 천막은 나무로 틀을 만들고 그 위에 하얀 양털을 덮어서 만듭니다. 부드러운 양털로 만들었다니 생각만 해도 포근한 느낌이 들지 않나요?

▶ **이곳에 사는 몽골 사람들은 우리처럼 엉덩이에 커다랗고 파란 반점을 갖고 태어납니다.**
생김새와 말도 우리와 비슷합니다. 한반도의 7배나 되는 넓은 땅에 살고 있는 3백만 명의 몽골 사람들 가운데 절반 정도가 가축을 키우며 사는 유목민입니다.

▶ **하지만 요즘에는 비가 너무 오지 않아 가축에게 먹일 풀이 모두 말라서, 이렇게 도시 근처에 많이 모여 살고 있습니다.**
세계 여러 나라 사람들은 몽골의 초원이 사라지는 것을 막기 위해 나무를 심고 있습니다.

덴마크의 수도 코펜하겐에서 남서쪽으로 약간 떨어진 브뢴드비에 지어진 이 집들은 조그마한 정원도 있습니다.
쾌적한 환경에서 살고 싶어 하는 사람들 때문에 정원이 있는 이런 집들은 유럽의 대도시 주변에서 흔히 볼 수 있습니다.

유럽, 덴마크

브뢴드비의 둥근 주택 단지

유럽, 덴마크 안데르센과 레고의 나라이다. 세계 최초로 사회보장을 법으로 정하여 오늘날 모든 국민이 폭넓은 사회보장 혜택을 받고 있다. (인구 500만 명)

▶ 왜 집들이 둥글게 모여 있을까요?
집을 지을 땅이 부족한 대도시 주변에 편안하고 안전한 집을 지으려다 보니 이런 모양이 되었네요.

▶ 많은 사람들이 높은 빌딩이 솟아 있는 복잡한 도시를 떠나 자연 속에서 살고 싶은 소망을 품고 있습니다.
하지만 도시 주변에 전원주택이 늘어날수록 농사지을 땅이 줄어들고 환경을 파괴하는 일도 자주 벌어집니다.

▶ 산업이 발전하고 인구가 늘어나면서 많은 사람들이 도시에 모여 살고 있습니다.
우리나라도 예외는 아니랍니다. 이미 1980년대에 도시에 사는 사람이 전 국민의 70퍼센트를 넘어섰기 때문이지요. 유엔에서는 2025년까지 인구 천만 명이 넘는 거대 도시가 29개로 늘어날 것이라고 예측하였습니다.

서양 사람들은 인공위성 사진으로도 선명하게 보이는 이 산봉우리들이 벌집을 닮았다고 생각합니다.
모래와 자갈로 이루어진 이 바위들을 현재의 모양으로 만든 주인공은 하늘에서 내린 비와 사막의 바람입니다.

오세아니아, 오스트레일리아

푸눌룰루 국립공원의 벙글벙글 산맥

오세아니아, 오스트레일리아 세계에서 제일 작은 대륙으로 캥거루와 코알라의 천국이며 '세계의 배꼽'이라 불리는 울루루 바위로 유명하다. (인구 2천만 명)

▶ **이름만 들어도 웃음이 나오죠?**
정말 독특한 이 산맥의 이름은 풀의 이름에서 따온 것이라고 합니다. 이 산맥은 유네스코 세계 자연 유산으로 푸눌룰루 국립공원 안에 있습니다. 원주민 말로 푸눌룰루는 '모래 바위'라는 뜻입니다. 이곳에는 모래가 굳어서 된 커다란 바위산들이 100미터나 되는 높이로 줄지어 서 있답니다.

▶ **오랜 세월 동안 비와 바람에 깎여 이렇게 아름다운 모양이 만들어졌습니다.**
서로 다른 성분들이 번갈아가며 계속 쌓였기 때문이 바위의 표면이 마치 호랑이 줄무늬처럼 보입니다. 바위들 틈으로 꼬불꼬불 난 길은 무려 770킬로미터나 되기 때문에 잘못하면 길을 잃어 무척 헤매게 될지도 모릅니다.

▶ **얼마 전까지만 해도 이 산맥은 사람들에게 널리 알려지지 않았습니다.**
원주민들만 알고 있던 이 산맥은 1982년에야 비로소 일반 사람들에게 공개되었습니다.

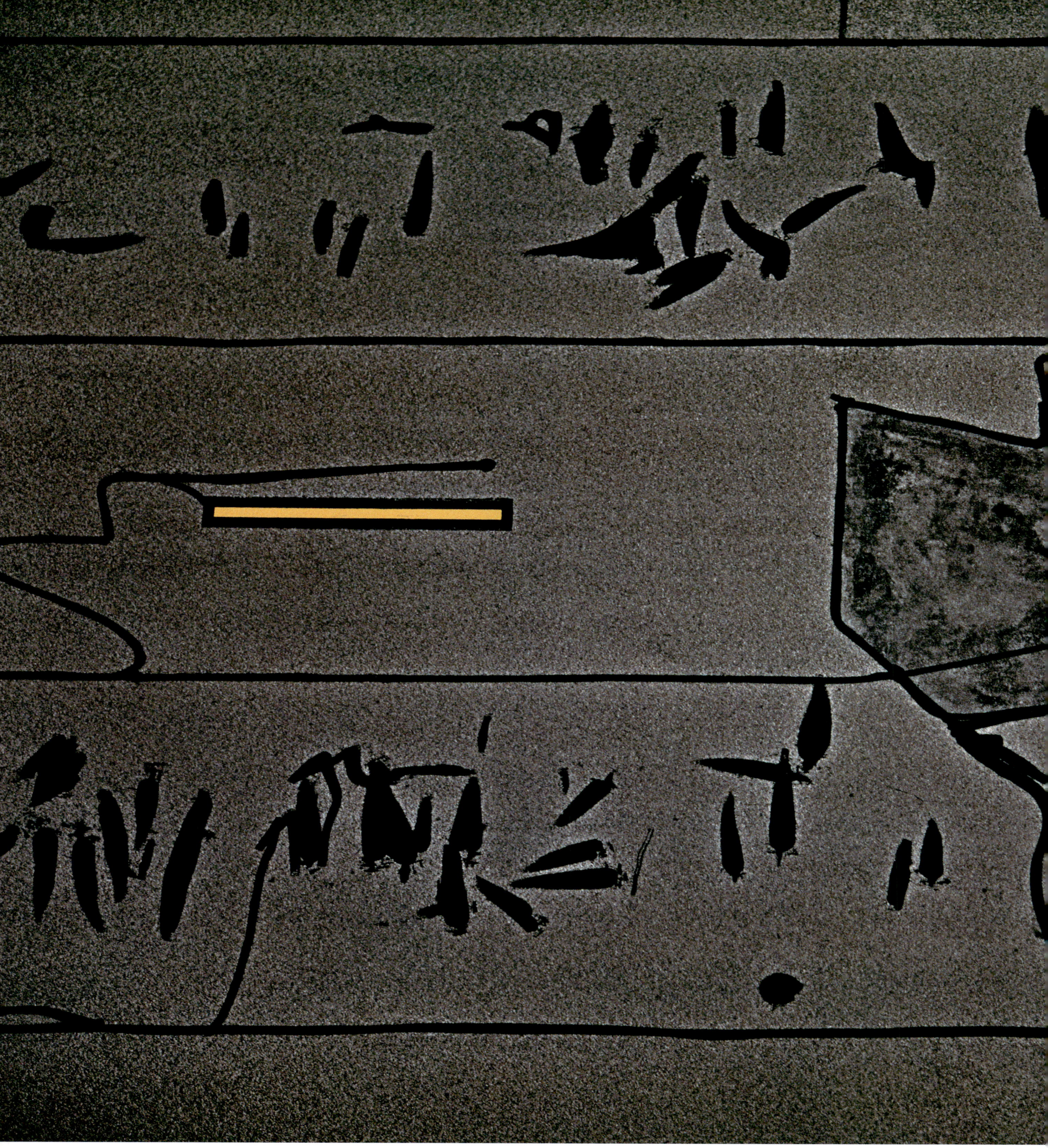

이것은 그림이 아니라 지중해와 대서양이 만나는 지브롤터의 비행장에 건설된 아스팔트 활주로입니다.
산악 지대인 지브롤터에는 평평한 곳이 많지 않아 활주로 중간에 자동차 도로가 있습니다.

유럽, 영국

비행장의 활주로에 그려진 거대한 추상화

유럽, 영국령 지브롤터 영국의 해외 영토이다. 유럽에서 유일하게 바버리 원숭이를 볼 수 있는 곳이다. (인구 6천만 명)

▶ **이 거대한 추상화는 누가 그려 놓았을까요?**
이것은 도로 표시들과 아스팔트를 수선한 자국들이 합쳐져 독특한 예술 작품처럼 보이는 활주로입니다.

▶ **이렇게 활주로를 군데군데 새로 포장해야 할 정도로 세계 곳곳의 비행장에서는 많은 항공기들이 오르내리고 있어요.**
작은 공항의 활주로는 길이가 1킬로미터 정도이고 큰 공항의 활주로는 2킬로미터 정도입니다. 놀랍게도 세상에는 길이가 5킬로미터가 넘는 긴 활주로나 폭이 백 미터가 넘는 활주로도 있습니다.

▶ **지금 이 순간에도 공중에 떠 있는 비행기가 수천 대에 이를 정도로 하늘길은 점점 혼잡해지고 있습니다.**
한꺼번에 많은 승객을 실어 나르면 이러한 혼잡을 피할 수 있을까요? 이미 한꺼번에 800명을 태울 수 있는 비행기가 만들어져 하늘을 날고 있는 중이랍니다.

지중해에 떠 있는 마요르카 섬은 영국, 독일, 스웨덴 등 유럽의 여러 나라 사람들이 즐겨 찾는 휴양지입니다.
매년 수백만 명의 관광객이 찾아오면서 아몬드 농업은 관광 산업에 비해 그 비중이 낮아지고 있습니다.

유럽, 에스파니아

마요르카 섬의 아몬드 수확

유럽, 에스파니아 투우와 '돈키호테'가 유명하다. 한때 무적함대를 앞세워 남아메리카의 대부분과 필리핀 등을 식민지로 지배한 적이 있다. (인구 4천 500만 명)

▶ **아몬드 열매를 털고 있는 농부 아저씨를 찾았나요?**

마요르카 섬이 속해 있는 에스파니아의 발레아레스 제도에서는 지중해의 다른 나라처럼 전통적인 방식으로 아몬드를 기릅니다. 수확할 때는 아몬드 나무 아래 촘촘한 그물을 깐 뒤에 나뭇가지를 흔들거나 털어 대면 됩니다. 그러면 아몬드 열매들이 후드득 후드득 떨어지지요.

▶ **아몬드 나무 한 그루에서 딸 수 있는 열매는 얼마 되지 않아요.**

그래서 넓은 지역에 많은 나무를 심습니다. 오래된 나무에는 열매가 많이 열리지 않기 때문에 어린 나무로 바꾸어 심어 주어야 합니다. 하지만 요즘에는 그렇게 하지 않아 아몬드를 키우는 지역이 많이 줄어들었답니다.

▶ **에스파니아는 미국에 이어 세계에서 두 번째로 아몬드를 많이 생산하는 나라입니다.**

수확한 아몬드는 대부분 외국에 수출되어 과자, 케이크, 초콜릿, 화장품 등의 원료로 쓰입니다.

바다를 메워 만든 사진 속의 팜 주메이라 섬은 이 지역에서 규모가 작은 편이지만, 지름이 5킬로미터나 됩니다. 두바이는 2020년까지 매년 1억 명이 넘는 관광객을 유치하려는 목표를 세워 놓고 있습니다.

아시아, 아랍에미리트 연방

두바이 바닷가의 인공섬

아시아, 아랍에미리트 연방 석유 매장량이 세계 6위이다. 가장 큰 도시인 두바이에는 부르즈 할리파라는 높이 810미터, 160층인 세계 최고층 건물이 있다. (인구 200만 명)

▶ **지금으로부터 50년 전의 이곳은 어땠을까요?**

사람의 힘으로 이렇게 어마어마한 크기의 섬을 만들고 세계에서 가장 높은 빌딩까지 세운 아랍에미리트 연방의 두바이도 옛날에는 흙벽돌 집 몇 채와 작은 배 몇 척 뿐인 사막 지역의 작은 항구였을 뿐입니다.

▶ **이곳에서는 근처의 유전에서 나온 기름을 판 돈을 이용하여 바다에다 인공 섬을 만들기 시작하였습니다.**

규모가 제일 큰 것은 바깥에 초승달, 안에 야자나무 모양으로 섬을 만들고 바다 밑으로 터널을 뚫어 두 섬을 연결한 것입니다. 야자나무 이파리처럼 생긴 지역에는 시민들이 살게 될 집이 많이 들어섰습니다.

▶ **두바이에는 이처럼 바다를 메워 섬을 만드는 곳이 네 군데나 됩니다.**

이 지역에 사는 주민의 대다수는 아주 적은 돈을 받고 공사장에서 일하는 외국인 노동자랍니다.

아일랜드 사람들은 대서양에서 불어오는 거센 바람에 맞서 이처럼 긴 돌담을 쌓았습니다.
상상을 넘어서는 험난한 자연 환경이라도 그것을 극복하려는 인간의 의지 앞에서는 무너질 수밖에 없습니다.

유럽, 아일랜드

이니시모어 섬의 해안 절벽

유럽, 아일랜드 약 400년 동안 영국의 식민 지배를 받았다. 버나드 쇼, 예이츠, 베케트 등 여러 명의 노벨 문학상 수상자를 배출하였다. (인구 400만 명)

▶ **커다란 모자이크처럼 보이는 이것은 무엇일까요?**
농사지을 흙이 바람에 날려 가지 않도록 주민들이 길게 쌓은 담장이랍니다. 길이가 무려 1만 2천 킬로미터나 된다니, 한반도의 남북 길이와 비슷하네요.

▶ **바람과 파도에 깎여 나간 90미터 높이의 절벽을 보면 바람이 얼마나 센지 짐작이 됩니다.**
아일랜드 서해안에 있는 아란 제도에서 가장 커다란 이니시모어 섬의 주민들은 오랫동안 바람에 맞서 담을 쌓아 왔습니다. 그들은 농사에 필요한 비옥한 땅을 만들기 위해 모래와 바닷말을 섞어서 바위투성이 흙에 뿌렸습니다.

▶ **이처럼 거친 자연 환경이 전혀 쓸모없었던 것은 아니에요.**
아일랜드의 극작가 존 싱이 훌륭한 작품을 상상한 곳은 바람 부는 아란 제도 바닷가의 바위 의자랍니다. 오늘날에는 그의 발자취와 고대 유적을 찾아오는 관광객들이 점차 늘어나고 있습니다.

지구의 가장 남쪽으로 남위 90도인 남극점에서는 1년 중 6개월은 낮만 계속되고 6개월은 밤만 계속됩니다.
얼음 두께가 2천 7백 미터인 이곳을 최초로 탐험하는 데 성공한 사람은 노르웨이의 탐험가 아문센이었습니다.

남극

거북이 등처럼 갈라진 남극의 땅

남극 넓이가 한반도 면적의 60배에 달하며 전체의 98퍼센트가 얼음으로 덮여 있다. 현재 4천 명이 넘는 여러 나라의 과학자들이 다양한 연구를 하고 있다.

▶ **어두운 색깔의 바탕에 흰 선이 마구 그어져 있는 땅의 모양을 보면 어떤 동물이 떠오르나요?**
하얀 눈이 드문드문 쌓여 있는 파란 색 바다를 향해 커다란 거북이 두 마리가 앞으로 나아가는 것처럼 보이는군요.

▶ **세계에서 가장 추운 곳인 남극 대륙은 대부분 얼음으로 덮여 있습니다.**
땅 위에 얼음이 없는 곳도 북극의 툰드라처럼 땅속에 얼음이 두껍게 얼어 있지요. 이 얼음들이 무려 50도나 되는 여름과 겨울의 기온 차이 때문에 얼었다 녹았다 하면서 땅 위에 거북 무늬를 만들어 냅니다.

▶ **신기하게도 지구와 이웃한 화성에도 이런 거북 무늬가 있답니다.**
우주선이 보내온 화성 사진을 보면 놀랄 만큼 모양이 비슷합니다. 하지만 크기는 지구의 무늬보다 백배나 크다고 합니다.

전쟁에 관한 어떤 자료에 따르면, 기원전 3천 500년부터 20세기 후반까지 인류가 치른 전쟁은 만 4천 500번이나 됩니다. 그동안 전쟁으로 35억 명의 사람이 죽었으며, 전쟁이 일어나지 않은 평화로운 때는 겨우 3백년밖에 안 됩니다.

아시아, 이라크

사막에 버려진 녹슨 이라크 탱크들

아시아, 이라크 세계 4대 문명 중 하나인 메소포타미아 문명의 발상지이다. 전 국토의 2/5나 되는 사막에는 많은 양의 석유가 매장되어 있다. (인구 2천 600만 명)

▶ 고철 덩어리 탱크들이 왜 이렇게 사막 한가운데에 모여 있을까요?

이곳은 1990년 걸프 전쟁 때 부서진 탱크의 공동묘지랍니다. 당시 이라크가 쿠웨이트를 침공하자, 유엔의 주도 아래 무려 28개 나라의 군인들로 구성된 다국적 군대가 '사막의 폭풍'이라는 이름의 작전을 시작하였습니다.

▶ 먼저 수많은 비행기가 공중에서 이라크의 탱크들을 맹렬하게 폭격하였습니다.

많은 폭탄들이 떨어져 이라크가 큰 타격을 입었기 때문에, 폭격 뒤에 땅에서 벌어진 전투는 겨우 100시간 정도밖에 안 되었습니다. 수천 명의 목숨을 앗아간 이 전쟁에 매일 10억 달러의 돈이 쓰였습니다.

▶ 몇몇 선진국들은 가난한 나라에 지원하는 금액의 15배나 되는 돈을 군대를 유지하는 비용으로 쓰고 있습니다. 그 돈이 제대로 쓰이기만 한다면 지구상에서 굶어 죽는 아이들은 사라질지도 모릅니다.

얀 아저씨는 우리에게
어떤 이야기를 들려주고 싶은 걸까요?

아저씨는 1946년에 파리에서 태어났습니다. 쉿, 아저씨 몰래 한 가지 재미있는 이야기를 들려줄까요? 아저씨는 어린 시절 지독한 말썽꾸러기여서 여러 번 학교를 옮겨 다닐 정도였대요. 아마 아저씨가 아이들을 사랑하고 말 없는 동물들에 애정을 갖게 된 것은 이 때문이 아닐까요? 우리가 기회가 되면 파리를 여행하고 싶은 것과는 정반대로 아저씨는 파리 같은 도시를 별로 안 좋아한답니다. 파리에서 기차로 한 시간 정도 떨어진 시골의 작은 숲 근처에 아저씨의 집이 있는데, 마당의 높은 나무 위에 지어 놓은 오두막집은 아저씨의 큰 자랑거리랍니다. 아저씨는 이 자그마한 집에 있으면 수많은 영감이 떠오른다고 해요.

아저씨는 젊었을 때 프랑스 중부에 있는 자연보호 구역의 책임자로 일을 했고, 그러다가 사자의 행동에 관한 학위 논문을 쓰기 위해 가족과 함께 아프리카의 케냐로 갔습니다. 그때 사자 가족을 관찰하는 도구로 사진만큼 좋은 것이 없다는 것을 알게 되었죠. 때때로 사진 한 장이 어떤 글보다도 더 많은 이야기를 들려주니까 말이죠. 그리고 또 하나, 아저씨가 독창적으로 발견한 것은 사진을 사진으로만 찍는 데 그치지 않고 사진을 이야기와 어울리게 만든 거지요. 예를 들어 얼굴을 찡그리고 있는 사자를 찍으면서 어디가 아파서 그런 것인지, 아니면 짜증이 나서 그런 것인지를 재미있게 설명하여 마치 사자가 이야기를 하는 것처럼 만든 거지요. 아저씨는 사진을 단순히 어떤 대상을 잘 찍는 '기술'에서 대상이 말을 하는 것처럼 만든 '예술'로 바꾼 거예요. 참으로 기발하지 않나요? 그래서 얀 아저씨는 항상 이렇게 말합니다. "아름다운 것은 지구입니다. 저는 우리 시대의 증인으로서 다만 그것을 기록할 뿐입니다"라고요.

하지만 케냐에서 사자만 추적하던 아저씨는 생계를 위해 관광 가이드 일을 해야만 했습니다. 그러다가 동물들을 따라다니며 귀찮게 하는 사파리 관광이 아니라 동물들에게 아무 피해도 주지 않는 열기구 관광을 생각해 냈지요. 정말 아저씨다운 생각이었지요. 그러다가 하늘에서 본 지구가 얼마나 아름다운지를 알게 되었습니다. 아르키메데스도 목욕탕에 누워 있다가 우연히 부력의 원리를 발견했다던데, 얀 아저씨도 열기구에서 고생하다가 우연히 '항공사진'이라는 독특한 아이디어를 떠올리게 된 거죠.